엄마표 영어

흘려듣기
절대로하지마라!

Mike Hwang 소개

'즐거운 영어로 올바른 성품을 기른다는 사명'을 갖고 영어 책을 만드는 마이크 선생(황의민)입니다.

영어 잘하는 사람, 잘 가르치는 사람은 많습니다. 하지만 그중에 집필할 줄 아는 사람은 드뭅니다. 한국에서 저서를 10권 이상 갖고 있는 영어 선생님은 많아도 100명이 안 될 깃입니다. 게다가 직접 디자인까지 제대로 할 수 있는 사람은 저밖에 없을 것입니다. 책의 내용 전달력이 탁월한 것은 영어 강사가 직접 기획, 집필, 디자인을 하기 때문입니다.

영어, 강의, 집필, 디자인 중에 하나만 제대로 익히는 데에도 5년 이상 걸립니다. 의도하고 공부한다 한들, 그 긴 기간을 견뎌내기 어렵습니다. 그렇기에 앞으로도 약 100년간 저 같은 사람은 나오기 어려울 것입니다. 제가 이렇게 배울 수 있었던 것은 하나님께서 이끌어 주셨기 때문이라고 생각합니다. 하나님께 감사 드립니다.

앞으로 더 쉽고 재미있게 영어를 익히실 수 있도록, 그리고 삶에 도움이 될 수 있도록 최선을 다해 집필하고 강의하겠습니다. 궁금하신 점은 010-4718-1329로 문자나 카톡을 주시거나, iminia@naver.com으로 메일을, 또는 마이클리시 카페(miklish.com)로 연락 주세요. 고맙습니다.

책 전체 자료: rb.gy/l4np7   자료 바로 보기: rb.gy/flxo0
유튜브 강의: rb.gy/x1ymb   단체 카톡방: rb.gy/2ettr

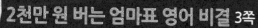

흘려듣기가
영어를
망친다

종종 영어 상담 전화가 온다. 어떤 어머니의 자녀가 초등학생 4학년인데, **2년 넘게 영어원서 흘려듣기를 했는데 실력이 전혀 늘지 않았다**고 했다.

만약 흘려 들어서 영어를 잘할 수 있게 된다면, 모든 영화평론가는 영어 전문가일 것이다. 영화의 절반 이상은 영어로 되어 있고, 그걸 적어도 만 시간 이상, 수천 편을 봤기 때문이다. 그러나 영화평론과 영어는 전혀 상관이 없다.

크게 잘못된 생각 중 하나는, 뜻을 몰라도 일정 이상 인풋(듣기)을 넣어주면 언젠가는 아웃풋(말하기, 쓰기 등)이 나온다는 것이다. 아마도 몇몇 엄마표 영어 베스트셀러에 있는 잘못된 말을 그대로 믿은 것 같다.

어떤 영어 공부법을 선택하기 전에 **유심히 봐야 할 것은, '누가 가르치고, 누가 배우느냐'**이다. 엄마가 영어 선생님이었다면, 마냥 흘려듣기를 시키지 않았을 것이다. 분명히 단어 뜻도 알려주고, 읽는 법도 알려 주면서 읽도록 시켰을 것이다.

또는 약 20명 중에 한 명 정도 있는 '언어 감각'이 매우 뛰어난 아이라면, '흘려듣기'가 아니라 어떤 방법으로 했어도 잘했을 것이다. 문제는 그런 상황을 일반화했을 때 생긴다. 엄마가 영어 전공자도 아니고, 영어가 유창하지도 않으면서, 심지어 옆에서 지켜 보면서 알려주지도 않을 거면서, 무작정 틀어주면 아이의 실력이 는다고 생각하면 안 된다.

흘려듣기에 성공한 사람도, 정말 '흘려듣기만' 했을까? 대부분 흘려듣기를 하면서 '영어 유치원'을 다니거나 학원을 다닌다. 그래서 흘려듣기 때문에 잘하게 됐는지는 알 수 없으나, 수백 명 이상 가르친 영어 선생님들께 물어 보면, 대부분은 '그것만으로 영어를 잘할 수 없다'라고 할 것이다.

왜냐하면 **언어는 '의미'를 전달하는 도구**이기 때문이다. '의미'를 모르면 절대 머릿속에 남지 않는다. 일본어의 경우 한국어와 문법이 매우 비슷하기에, 흘려듣기만 해도 실력이 는다. 실제로 내가 JLPT(일본어 자격증 시험) 3급을 그렇게 땄다. 하지만 영어는 다르다. 한국어와 달리 '구조'를 통해 의미를 전달하기에, 각 단어의 뜻과 구조를 모르면 절대로 실력이 늘지 않는다.

그런데 나의 둘째 딸은 흘려듣기를 시킨다. 종종 뽀로로, 엄마 까투리, 영어 동요를 영어로 틀어 놓는다. 아이가 2살이기 때문이다. 아직 '모국어'에 대한 개념이 없을 때, '흘려듣기'를 하는 것이 '발음'과 '듣기'에는 조금 도움이 될 수 있다. 하지만 3~4살에 '모국어'에 대한 개념이 정립이 될 때부터는 아이가 영어로 된 것을 보기 싫어한다. 이해가 안 되기 때문이다.

만약 3-4살 이후에도 흘려듣기를 시키고 싶다면, 부모가 영어로 의사소통을 해줘야 한다. 실제로 다문화 가정의 아이들은 양쪽 부모의 언어를 다 하는 경우가 많은데(물론 어느 한 쪽도 제대로는 못하는 경우도 있다), 각각의 언어로 꾸준히 의사소통을 해줬기 때문이다. 하지만 니는 그렇게 안 할 것이다. 노력이 많이 들고, 그런 방식으로 키우는 실력에도 한계가 있기 때문이다. 그러면 집에서 무엇을 해야 할까?

영어 학원을 다닐 수밖에 없는 이유

최고의 책을 만들기 위해, 가능한 모든 자료를 분석해서 책을 만들고 있다. 한 권을 만들 때 4000문장 가량을 타이핑하면서 분석한다. 2019년에 아빠표 영어 구구단 시리즈의 별책인 '아빠표 초등영어 교과서'를 만들 때, 초등학교 교과서 3~6학년 전종을 분석해서 만들었다. 그래서 '초등학교 교과서'를 익혔을 때 어떤 수준이 되는지도 잘 알고 있다.

초등학교에서 4년간 영어를 배우지만, **교과서만 익혀서는 절대로 영어를 읽을 수 없다.** 교과서에 파닉스에 대한 것이 짧게는 들어가 있지만, 일부만 있기에 그것으로 영어를 읽는 것은 불가능하다. 그런데 **초등학생 때 영어를 읽을 수 없다는 것은, 중학생 때는 영어**

를 포기하게 된다는 뜻이다. 다시 말해, 초등학생 때 학원을 다니지 않은 모든 학생은 영어를 포기하게 된다. 공교육 만으로 영어를 잘하는 것은 불가능하다.

그러니 '영어학원을 다니세요'라고 권하려고 이 책을 집필한 게 아니다. **나 역시 자녀들을 한 번도 영어학원에 보내지 않고 집에서 가르치고 있다.** 이 책을 읽다 보면 '집에서 해도 영어를 잘 할 수 있는 있는 방법'을 알 수 있다.

영어 잘하는
아이들의
공통점

나는 영어를 아무리 열심히 해도 잘할 수 없었기에, 만나는 사람마다 어떻게 공부했는지 물어봤다. 내가 가르친 학생들에게도 물어봤는데, 영어 잘하는 아이들과 못하는 아이들의 가장 큰 차이는, **잘하는 아이들은 '먼저' 공부했을 뿐**이다. 선행 학습이 좋지 않다고 하는 사람도 있지만, 영어에 있어서는 선행 학습만이 답이다. 학교에서 똑같은 걸 또 배우면 재미 없을 거라고 생각하지만, 영어는 반복할 수록 더 재미있어진다. 똑같은 문장이 구조가 보이기 시작한다. 이해만 할 수 있었던 문장을 말할 수 있게 된다. 다만 **더 빠르고 효율적으로 가르치려면 '언제', '무엇을' 선행학습 하느냐**가 중요하다.

초등학교 3학년 이상인데 실력이 낮다면, 일단은 '학교 수업 예습'부터 해야 한다. 영어를 못할 수록 적은 양을 반복해야 하는데, 교과서가 아닌 다른 재료들을 공부하려면 추가로 시간과 돈을 들여야 한다. 그런데 **학교 수업 듣기 몇 일 전에, 10~15분간 2~3번 읽고만 수업을 들어도 반에서 중간 이상**은 한다. 단어 뜻을 알고 해석까지 될 수 있다면 반에서 상위권에 있을 수 있다. 이것만으로 중학교 졸업까지는 학원에 다닐 필요 없이 3천만원 이상 아낄 수 있다. 자세한 예습 방법은 동영상rb.gy/lrv4h을 참고하기 바란다.

외교통상부에서 주최하는 '방일대학생' 프로그램이 있다. 한국과 일본에서 매년 서로 30명씩 대학생들을 서로 초대하는 프로그램이다. 그곳에 같이 참여한 친구 중 한 명은 토익 점수가 900점이 넘는데, 영어 회화는 전혀 못해서 내가 대신 통역해줬다.

　　나 역시 수능을 위한 '독해'공부를 할 때는 영어가 재미 없었다. 하지만 다시 기초부터 영어회화를 배우고 영어가 '언어'로 느껴지면서 영어가 재미있어졌다. 이후에 공부한 토익도, 영어 전공 수업도 재미있게 들을 수 있었다.

　　세상에서 가장 싫었던 영어가 어떻게 재미있어졌

고, 강사가 되고, 저자가 됐는지에 대한 자세한 이야기는 <영어 공부법 MBTI +수준별 영어책 추천(1000원)>를 참고하기를 바란다.

나처럼 영어의 기본적인 개념도 모른 상태로 '읽기/듣기'를 하며 꾸역꾸역 점수를 따기위한 공부를 하는 것보다, 먼저 '말하기/듣기'를 하면서 영어를 언어로 먼저 배우고, 이후에 '읽기'로 넘어가면 훨씬 재미있게 영어를 익힐 수 있다. **한국어에서도 '말하기/듣기'를 먼저 배우듯, 시간이 있다면 영어도 할 수 있다면 '말하기'부터 배우는 게 좋다.**

쓰기가
필요한 이유

사람들은 보통 '수다 떨기'를 좋아한다. 하지만 '영어 말하기'를 좋아하지 않는 이유는 영어로 말하는 법을 배우지도 않았고, 해본 적도 없기 때문이다. 그런데 영어 말하기가 익숙하지 않을 때는 머릿속에서 문장을 다 완성시킨 후에 말한다. 그러면 말로 나오기까지 시간이 오래 걸리므로 대화하기 어렵다.

이때 필요한 게 '쓰기'이다. 한국인은 '쓰기'로 먼저 연습한 이후에, '말하기'로 넘어가는 것이 좋다. 천천히라도 영작을 하는 두려움이 없어지면, 자꾸 말하고 싶어진다. 내 책 중에서 상당수(단단 기초영어, 미드천사, 생활영어 회화천사, 영화영작)도 '쓰기'로 먼저

문법 패턴을 연습한 이후에 '말하기'로 넘어가는 방식
으로 되어 있다.

또한 말에 쓰이는 어휘는 한정되어 있고, 문법도
정형화된 단순한 문법을 주로 쓴다. 좀 더 **복잡한 문법
과 어휘를 쓰려면 쓰기를 통해 실력을 키워야** 한다.

**읽기가
필요한 이유**

말하기/쓰기로는 본인이 평소 쓰는 어휘나 문법만 쓰
게 된다. '듣기'는 좀 낫기는 하지만, 한국인이 대화에
서 쓰는 문법이 뻔하듯, 원어민도 일상에서 쓰는 문법
이 뻔한데다가, **본인이 모르는 단어는 어차피 들리지
않는다. 더 어려운 어휘나 문법을 익히는 방법은 결국
'읽기'밖에 없다.** 또한 책에 쓰여진 문장은 대부분 맞춤
법이 정확하기에, 읽기를 많이 하면 더 정확한 영어를
구사하는 데에 큰 도움이 된다.

**나쁜 학원에
2년간
다녔을 때**

영어 도서관에 2년이나 다닌 아이의 부모님으로부터
상담 전화가 왔다. 2년간 믿고 보냈는데, 갑자기 **영어
도서관 측에서 본인들과 맞지 않은 아이니 그만 오라**
고 했다. 그 아이는 영어를 거의 읽을 수 없는 수준이었
다. 그 도서관에서는 뭘 가르쳤는지 궁금하다. 그리고
2년간 부모는 아이가 뭘 배웠는지, 실력이 얼마나 되는
지 한 번도 확인하지 않은 것도 문제이다. 어떤 학원을

다니든 최소 한 달에 한 번은 학원이 어떤지, 뭘 배웠는지 부모가 확인해야 한다. 아니면 돈만 낭비할 확률이 매우 높다.

내가 학생들을 처음 만나면, 학생들에게 어디서 얼마나 공부했는지 물어 본다. 어떤 학원 출신 1명~2명이 못 했을 경우 아이가 열심히 안 했기 때문일 수 있다. 하지만 특정 학원에 1~2년 이상 다닌 아이들 3명 이상인데, 모든 학생의 실력이 낮을 때는 그 학원에서 못 가르쳤음이 확실하다. 그렇다고 내가 특정 학원이 '나쁘다'고 대놓고 얘기할 수는 없다. 그분들 역시 영어 교육을 위해 노력하는 분들이고, 대다수에게 도움이 안됐을지언정 일부 학생에게는 도움이 됐을 수도 있기 때문이다.

나쁜 학원에 계속 다니는 이유

성적이 제자리여도 수 년간 같은 학원을 다니는 데에는 이유가 있다. **학원에 다니는 이유는 '성적 향상' 같지만, 실제로 가장 큰 이유는 '안도감' 때문**이다. 주변의 공부 잘 하는 친구가 다니고 있다는 안도감, 명문대 졸업 선생님이 가르친다는 안도감, 남들 다니는 학원을 나도 다니고 있다는 안도감 때문에 다닌다. 부모님 대부분은 잘 가르치는지 여부는 크게 관심이 없고, 자신이 판단할 수 없다고 생각한다.

게다가 학원의 목표는 '학생의 실력이 오르는 것'이 아니라 '학생이 많은 것'이다. 그러려면 '실력이 오를 수 있다는 환상'을 심어줘야 한다. 그러려면 공짜로 가르치더라도 '공부를 잘 하는 아이들을 끌어 모으는 것'이 최대의 전략이다. 마치 '서울대를 목표로 하다가 안 되면 한양대는 가겠지' 싶은 마음처럼, 잘하는 아이들이 나니는 힉원에서 배우면 **그 애들만큼은 아니어도 반에서 중간은 하겠지 싶은 마음**에 보내게 된다. 하지만 실제로는 전혀 그렇지 않다(18쪽에서 계속).

고등학생을 위한 어학원이 드문 이유

아발론을 비롯한 몇몇 어학원은 중등부까지 있다. 중등부 상위권은 두꺼운 영어 원서를 읽고 토플 문제로 공부한다. 왜냐하면 어학원의 목표는 중학생 때까지 성인 수준의 영어를 끝내는 것이기 때문이다. 그러면 고등학생 때는 그 실력을 유지만 하면서 다른 과목에 집중할 수 있게 한다.

집에서 가르치더라도 마찬가지이다. 초등학생 때 영어를 끝낼 수 있으면 좋지만, **늦어도 중학생 때까지 적어도 고등학교 수준의 영어를 끝내야** 한다. 물론 대학생 수준이나 성인 수준의 영어까지 끝낼 수 있으면 좋지만, 그것은 성인돼서 해도 늦지 않다.

**300명에게
물어 본
영어공부
비법**

나는 아무리 열심히 해도 영어를 잘할 수 없었기에, 영어 잘하는 사람을 만나면 항상 '영어를 어떻게 배웠는지'를 물어봤다.

국제캠프에서 만난 친구들, 영어를 전공하는 친구들, 영어 학원에서 만난 선생님들, 그리고 가르치는 학생들에게도 물어봤다. 최소 300명 이상에게 물어봤다. 그리고 그들의 공부법을 직접 해봤다.

**영화
한 편으로
공부했다가
실패하는
이유**

어떤 공부법은 효과적이었지만, 전혀 효과가 없는 방법도 많았다. 나중에 알게 된 가장 큰 이유는 당시의 내 실력이 낮아 방법이 맞지 않았던 것이다.

크게 초급, 중급, 고급 단계로 나눌 수 있는데, 중급 단계를 '정확하지는 않아도 원하는 말을 모두 할 수 있는' 단계, 고급 단계를 '유창하고 정확하게 영어를 쓰는 단계'라고 정할 수 있다.

예를 들어, 영화 한 편을 반복해서 익히는 것은 중급 단계가 '고급 단계'가 되기 위한 방법이다. 초급 단계는 그렇게 해봤자 시간만 낭비하고 좌절할 따름이다. 그 공부 방법으로 성공한 사람들은 이미 영어 의사소통에 어려움이 없는 사람들이다.

**영어가
안 들리는
이유?**

내가 미드로 영어를 공부할 때 절반 이상이 안 들렸다. 하지만 '영어자막'을 키고 보면 대부분 아는 단어였다. 1000단어면 일상회화의 89%가 해결된다. 3000단어면 94%가 해결된다. 1000단어는 초등 영어 수준(700단어)보다 약간 높은 정도이고. 3천단어면 중학교 수준(2천단어)보다 약간 높은 정도이다.

영어가 들리지 않는 이유는, 본인이 알고 있는 발음이 실제로는 다르기 때문이다. 표준 미국인 발음 조차도 절반 이상은 다르게 발음된다.

예를 들어, robot은 로봇이 아니고 '로우밭'이고, exactly는 이그잭'틀'리가 아니라 이그잭'클'리이다. I'm도 '아임'이 아니라 '암'으로 발음한다. 그리고 기능어라 불리는 '대명사, 한정사(관사 등), 전치사, 조동사' 등은 대충 발음하거나 생략하고 말하는 경우가 많다. 또한 단어의 앞뒤에 어떤 단어들이 오느냐에 따라 연음이 일어나서, If I'm은 '이팜'이 된다. 이러한 모든 경우를 직접 경험해보지 않으면 들을 수 없다.

그 데이터를 쌓아야 하는데, 그렇게 해줄 수 있는 책이 이번에 출간된 <유레카 팝송 영어회화 200>이다. 팝송 200곡을 통해 영어발음을 익히고 어휘를 확장시켜준다.

영어로 어느 정도 자유롭게 쓸 수 있을 때까지는 '상황
별 영어회화 책'은 보지 말아야 한다. 상황별 영어회화
가 쓸모 없는 이유는, 현실은 대부분 그 상황대로 흘러
가지 않기 때문이다.

　　예를 들어, 'How are you?'의 대답이 'I'm fine,
thank you'가 아닌 경우가 아주 많다. 본인이 다쳤을
때도 'I'm fine'을 쓸 수는 없다. 상황별 영어회화는 특
정한 상황을 1~5가지로 분류해놨지만, 실제 상황은 수
천~수만 가지이기에 그 표현이 무용지물인 경우가 많
다. 이런 책을 보면 배울 때는 영어가 되는 것 같다고
느껴지지만, 실제 상황에서는 별 도움이 안된다.

　　여행영어 책이야, '정해진 상황'에서 '정해진 말'을
주로 하기 때문에 상황별 여행영어 책을 봐도 괜찮지만,
여행영어 표현조차 어려운 초보 수준에서 그러한 책은
익히는 것은 시간도 오래 걸리고 활용도도 낮다. 그래서
나는 상황별 여행영어 책을 내지 않고, '문장 패턴'으로
그러한 상황을 해결할 수 있는 책을 냈다. <8문장으로 끝
내는 유럽여행 영어회화>이다. 그리고 상황별 영어 문
장들을 '패턴화'해서 만든 책이 <6시간에 끝내는 생활영
어 회화천사>이다.

프리토킹의
함정

프리토킹은 '자극(영어를 공부하고 싶게 하는 욕구)'을 받기 위해 하는 것은 좋지만, 그것으로 실력이 늘지는 않는다. 특히 실력이 낮을 수록 프리토킹(주로 전화영어 등)은 큰 도움이 안 된다. 실력이 낮으면 '질문'은 못 하고 '단답형'으로 말하게 된다. 이야기를 잘 이끌어내도, 결국 학습자는 본인의 수준에서 말하는데, 그 수준의 문장은 뻔하다. 간단한 2형식/3형식 구조의 문장은 잘 말하지만, 부정사나 분사구문, 관계대명사를 써서 말하기는 어렵다.

실력이 늘려면 '한국어와 영어의 차이점'인 '구조를 통한 의미 전달 훈련'을 해야 하는데, 이것은 특정한 문법 구조 안에서 단어를 바꿔 가며 반복 훈련(드릴 연습)을 해야 한다. 예를 들면, I'm ~패턴을 배웠으면 이후에는 You're~ 패턴을 배우는 식으로 해야 한다. 보통은 프리토킹에서 자유로운 대화를 하지, 이러한 반복 훈련을 하는 것을 원하지는 않는다.

프리토킹은 자신이 하고 싶은 말을 다 말할 수 있게 됐을 때, 즉, 중급 이상의 수준에서 좀 더 유창하게 말하고 싶을 때 하는 게 좋다.

**영어를
잘하게 되는
유일한 방법**

초급 수준에서는 공부할 재료의 양은 줄이고 반복해야
한다. 영어 문장을 외우면 영어를 잘하게 된다는 말은,
외운 문장은 듣거나 말할 수 있기 때문이다. 해석만 되
던 문장을 반복해서 익히면 들을 수 있는 문장, 말할 수
있는 문장으로 바뀐다.

영어를 잘하는 사람 들의 공통점은 '반복한 것'이
다. 영어회화는 악기, 운동과 비슷해서 반복해야 한나.
반복하는 동안은 실력이 느는지 잘 모르지만, 돌아보
면 어느새 늘어있다. 특히 초/중급 단계에서는 반복해
야만 한다.

반복하는 데에는 '기술'이 필요하다. 먼저 한국어
와 영어의 차이(강의: rb.gy/9sv1o)을 알고, 그 차이
점을 위주로 훈련해야 한다. 한국어는 구조가 중요하
지 않지만, 영어는 구조로 의미를 전달하기 때문에 구
조를 통해 말하는 방법을 훈련해야 한다. 내 책 역시 그
구조를 영작이나 말하기로 익히는 책들이 많다. 그 부
분이 한국인에게 가장 부족한 부분이기 때문이다.

**문법에서
가장
중요한 것**

언어는 '문법'과 '어휘'만 익히면 끝난다. 문법은 말하
는 방식이고, 어휘는 말에 담긴 내용이다. 어휘를 문법
에 맞게 늘어놓을 수 있으면 '언어'는 끝난다.

시중의 대부분의 문법 책은 문장을 놓고 분석하는

방식의 문법 책이다. 그런데 분석하는 문법은 시험 문제를 풀 때는 도움이 되는데, 영작이나 영어회화에는 전혀 도움이 안 된다. 영어로 말할 때는 전혀 다른 뇌와 근육을 쓰기 때문이다. 말하자면 만들어진 된장찌개를 맛 보면서 맛을 평가하는 것과 된장찌개를 만드는 것은 아예 다른 것과 마찬가지이다.

그러므로 '영작'을 할 수 있게 해주는 책을 골라야 하는데, 막상 스스로 그런 책을 공부하기는 불가능한 경우가 많다. 대부분의 영작 책은 '학원용 책'이다. 그나마 내 책들은 영작을 할 수 있도록 단원마다 한국어와 비교해서 말하면서 '포인트'를 잡아놨다. 그리고 책만으로 어려운 분들을 위해 '무료강의' 원어민MP3를 제공한다. 그래서 스스로 끝까지 볼 수 있다.

문법 패턴과 문장 패턴의 차이

내가 영어를 자유롭게 쓸 수 있게 된 것은 '문법 패턴'을 익힌 이후부터이다. 내 책도 다양한 소재로 '문법 패턴'을 익히는 책이 많다. 문법을 기준으로 영작을 익히면 약 50개 가량이면 모든 문장을 영작할 수 있게 된다. 하지만 머리를 더 써야 해서 처음에는 조금 어렵게 느껴진다.

그런데 시중의 패턴책은 대부분 '문장 패턴' 책이라, 패턴의 종류가 100개가 넘는다. 이런 방식은 익히기가 쉬운 반면, 오래 걸리고 응용하기는 더 어렵다. 예를 들면, 'I like ~패턴'을 익히고, 'I have ~ 패턴'을 익히는 식이다. 목적어만 바꾸면 돼서 쉽지만, 그 문장을 응용해서 다른 문장을 만들기는 어렵다. 문장 패턴은 이렇게 특정 단어를 중심으로 구성됐고, 특정 단어만 바꾸기에 자유롭게 영어를 구사하기는 어렵다.

내 책 중에 <8문장으로 끝내는 유럽여행 영어회화>가 문장 패턴이다. 다른 패턴 책은 모두 '문법패턴'을 활용해서 만들었다.

영어를 자유롭게 말하려면 걸리는 시간

원하는 말을 자유롭게 하기까지, '옳은 방법으로 했을 때' 짧게는 3개월이지만(이미 어느정도 공부했거나, 언어 감각이 좋은 경우), 보통 6개월~1년이 걸린다.

이 기간 동안 하루 1-2시간 이상 꾸준히 공부하려면, '계기나 목적'이 있어야 한다. 내게는 영어 때문에 놀림 받았던 것과 영어로 자유롭게 말하고 싶은 욕망이 계기였다. 그리고 졸업과 취업을 위한 목적도 있었다.

계기가 없다면 꾸준히 자극을 받아야 한다. 학원도 좋고 유튜브 영상도 좋다. 전화영어나 영어 스터디도 좋다.

**좋은 책
고르는 법**

시중의 영어 책들을 보면 대부분은 '학원용 책'이다. '문법 용어'를 많이 써서 영어를 모르는 사람은 이해하기 어렵게 설명 되어 있다. 그래서 학원에서 선생님이 가르칠 수는 있지만, 독학은 불가능하다. 집에서 부모님이 가르칠 수도 있지만, 영어를 아는 것과 가르치는 것은 아예 다른 것이기에 어렵다. 가르치는 것은 상대방의 입장에서 설명할 수 있어야 하는데, 많이 가르쳐 보거나 훈련하지 않았다면 어렵다.

가능한 학습자 수준보다는 쉬운 책으로 고르고, 직접 익혀보거나 가르쳐 본다. 어떤 영어책이든 끝까지 볼 수만 있다면 책 값의 10배 이상은 번 것이다. 단번에 그런 책을 고르기는 어려울 것이다. 잘 안되면 빨리 다른 책으로 시도를 하며 자신에게 맞는 책을 찾아야 한다.

**영어 공부를
위한
쉬운 영화
추천**

국내에서 영어를 익혔는데 잘하는 사람들은 대부분 '영화'나 '미드'로 공부했다. 나 역시 미드로 영어를 공부했을 때 가장 많이 실력이 올랐다. 성인이 돼서 내가 영어를 공부한지 약 1년쯤 지났을 때 디즈니의 '타잔'을 수십 번 보며 공부했고, 약 2년쯤 지났을 때 영어 자막으로 '미국 드라마'를 봤다.

그런데 아이들은 절대로 영화로 공부하면 안된다.

왜냐하면 그나마 쉬운 디즈니 애니메이션도 자막을 빼고 보면 어른에게도 어렵기 때문이다. 영어를 잘 하는 고등학생/대학생도 30%도 이해하기 힘들다. 그러므로 초등학생~중학생의 아이들이라면 전교에서 1~10등 안에 드는 아이들이 '영화 영어'로 시도해보는 것은 좋다고 생각한다.

영화로 공부할 때 가장 큰 문제는 '들리지 않는 것'이다. 그 부분을 받아쓰거나, 대본을 참고하거나 자막을 키고 끄면서 공부하기는 불편하다. 그래서 쉽게 반복해서 들으면서 공부할 수 있게 만든 책이 '이상한 나라의 앨리스 영화영어공부'이다. 먼저 이 책을 보기를 바란다.

앨리스보다 더 공부하고 싶다면, '자신이 가장 좋아하는 영화'를 선택해야 한다. 한 영화를 적어도 10번, 보통은 30~100번 가량 봐야 하기에, 자신이 좋아하는 영화가 아니면 지루하게 느껴져서 중간에 포기할 수 있다.

영화를 많이 안 봐서 어떤 영화가 재미있는지 모르겠다면, '평점이 높은 영화'를 보면 된다. 평점 9.0 이상 영화 목록은 여기(xx)에 있다. 아니면 '4시간에 끝내는 영화영작(기본패턴)'으로 명대사로 패턴을 익히면서 관심이 가는 영화를 정해도 좋다.

디즈니 애니메이션 중에서는 '업, 월e, 토이스토리, 타잔, 라푼젤, 인어공주, 알라딘, 라따뚜이, 주먹왕 랄프, 니모를 찾아서'를 추천하고,

일반 영화는 '포레스트 검프, 나홀로 집에, 사운드 오브 뮤직, 터미네이터, 트루먼 쇼, 아이엠 샘, 쥬라기 공원, 에이 아이, 패밀리 맨, 로마의 휴일, 록키, 시스터 액트, 스쿨 오브 락, 빅'을 추천한다.

보너스로 '미국 드라마'를 추천한다면 '로스트'를 추천한다. 다양한 인종의 영어가 나와있다. 로스트 외의 미드는 어려워서 익히기 어렵다.

꾸준히 공부할 수 있는 비결	책이 아니더라도 가능한 꾸준히 할 수 있는 소재를 찾아야 한다. 본인이 흥미있는 것과 관련된 것으로 공부해야 한다. 그래야 더 알고 싶어서 꾸준히 공부하게 된다.

그래서 나도 다양한 소재로 책을 냈다. 영화 명대사로 익히는 <4시간에 끝내는 영화영작> 외에도, 미드 명대사, 단편소설, 연설문, 명언, 여행 에세이, 팝송, 생활 영어 등 다양한 소재로 익히실 수 있도록 집필했다.

본질은 영어 공부를 더 쉽게 할 수 있도록 해주는 것이라 생각하기에, 책 외에도 영어 공부할 때 힘든 점들을 해결하려고 최선을 다한다. 더 쉽게 익힐 수 있도록 대부분의 책에 무료 강의(rb.gy/x1ymb)도 있다.

쉬운 단어도 안 들리는 이유 대부분은, 발음을 잘 못 알고 있기 때문이다. 내 모든 책은 원어민이 책 전체를 읽은 MP3 파일도 무료로 제공하고 있다.

궁금한 점은 카톡(rb.gy/2ettr)이나 카페(miklish.com)에 질문하면 된다. 연락처는 010-4718-1329(가능한 문자로), iminia@naver.com이다. 최선을 다해 도울 것이다.

〈영어 공부법 MBTI+수준별 영어책 추천(1000원)〉에서 발췌한 내용입니다. 그 책에는 **더 많은 내용**이 있습니다.

더 많은 내용

영어가 세상에서 가장 싫었던 이유, 학비를 벌기 위해, 첫 책을 쓰게 된 계기, 두 권이 망하고, 세번째 책, 저자가 받는 돈, 영어책을 끝까지 읽지 못하는 이유, 끝까지 읽을 수 있는 책을 위하여, 출판사를 시작한 이유, 나만 영어를 못한 축복, 수준별 마이클리시 도서 추천, 마이클리시 도서 목록 37종, 도서관 저자 초대 강의 제안 등.

나는 주로 '성인'을 위한 영어 책을 출간했었다. 직접 집필하고, 디자인하고, 제작, 마케팅까지 모두 한다. 그러다 보니 일 외에 다른 것을 할 시간이 없었다. 내 딸(루나)의 영어를 위해서도 아내에게 알아서 가르치라고 돈을 줬지, 직접 가르치지는 않았다. 아내는 전집을 몇 개 샀고, 일주에 2번 가량 방문 선생님이 오셨다.

1~2년쯤 지났을 때, **5살 딸의 영이 실력이 궁금했다. 그래서 '나'가 영어로 무엇인지** 딸에게 물어 봤는데, 딸은 'me(미)'라고 대답했다. 물론 틀린 대답은 아니지만, 당연히 'I(아이)'라고 대답할 줄 알았다. 왜냐하면 영어에서 두 번째로 많이 쓰이는 단어가 I이고, I가 me보다 훨씬 많이 쓰이기 때문이다(60쪽 참고).

만약 내가 직접 가르치지 않고 **외부에 맡긴다면, 대학교 입학까지 최소 2천만 원 이상 들** 것이다. 이후에 어학 연수라도 간다면 억 단위로 깨질 것이 분명하다. 그래서 그 돈이라도 아껴보려고 직접 가르치면서 집필했다.

집필할 때 **중요하게 여긴 것은 원어민의 관점에서 생각할 수 있게 되는 것**이었다. 그래서 영어에서 더 중요하고, 더 많이 쓰이는 것부터 익히도록 배열했다. 한국어와 영어의 차이와 ´문법, 어휘를 문장 안에서 한꺼번에 익힐 수 있도록 구성했다.

중학교 이상 나온 부모님이라면 누구나 가르칠 수

있도록, 책마다 어떻게 가르쳐야 하는지 영상이 있고, 한글 발음도 수록됐다. 정확하게 읽고 싶다면 휴대폰이나 세이펜으로 원어민 음성을 바로 확인할 수 있다. 대상은 5살~11살이다.

제목은 <아빠표 영어 구구단>이고, 총 12권+파닉스카드 100장으로 구성했다.

아빠표 영어 구구단 하루 15분

루나에게 약 2년간 아빠표 영어를 가르쳤다. 집필하면서 가르쳤기에 오래 걸렸다. 하지만 보통은 하루 15분씩 했을 때, 빠르면 3~6개월 정도 걸릴 것이다.

어린 아이일 수록 오래 집중할 수 없다. <아빠표 영어 구구단>의 **학습 시간은 아무리 길어도 20분을 넘지 않게** 해달라고 한다. 그리고 적은 내용을 반복해서 '짧게' 배우는 게 더 효과적이기 때문이다. 대신 일주일에 3회 이상 꾸준히 해야한다.

초등학교 고학년이 아빠표 영어를 할 경우에는 30분~1시간을 해도 좋다. 그렇게 하면 1주일에 한 권씩, 약 3개월에 12권을 모두 끝낼 수 있다.

아빠표 영어의 주된 내용

아빠표 영어에 사용한 단어는 가능한 원어민이 가장 많이 쓰는 300단어와 교육부 선정 초등어휘 800단어에서 뽑았다.

아빠표 영어 구구단 1단은 '명사'이다. **영어는 '그림을 그리는 언어'이므로, 모든 명사는 '한 개인지, 여러 개인지'를 구분**한다. 그래서 1단의 왼쪽은 '한 개', 오른쪽은 '여러 개'여서, 왼쪽에는 a girl, 오른쪽은 girls가 나온다. 파닉스도 함께 익힐 수 있도록 ㄱ부터 ㅎ까지로 순서로, ㄱ은 a girl/girls로 되어있고, ㄴ은 a name/names로 되어있다.

2단은 '일반동사'이다. **'be동사'보다 '일반동사'를 훨씬 많이 쓰기에** 먼저 넣었다. 앞 ⅓은 I로 시작하는 문장, ⅓은 you로 시작하는 문장, 마지막 ⅓은 왼쪽은 I 오른쪽은 you로 시작하는 문장이다.

3단은 '인칭'으로 주어가 3인칭 단수 현재일 때 동사의 뒤에 '-s'를 붙이는 훈련을 한다. 왼쪽은 일반 문장, 오른쪽은 주어가 3인칭인 문장으로 되어있다.

4단은 'be동사'를 쓰는 문장을 익힌다. 동시에 반대되는 형용사를 왼쪽/오른쪽에 익힐 수 있게 되어 있다. young/old, pretty/ugly 등이다.

5단은 '진행형'이다. 6단은 'to부정사'인데, **70% 이상을 차지하는 명사적 용법**을 다루고 있다. 7단은 가장 많이 쓰는 '전치사' 5개를, 8단은 조동사, 9단은 부정문, 10단은 의문문이다. 이후 별책으로 <아빠표 초등영어 파닉스>가 있는데, 아빠표 영어에서 배운 단어로 배우는 파닉스 책이다. 그리고 <아빠표 초등영어 교과서>는 초등영어 교과서의 문장들을 아빠표 영어식 문법으로 확장해주는 책이다.

루나가
해온 것들,
하는 것들

이후에 루나는 내 다른 저서들을 익혀오고 있다. **책들 대부분이 '음성 무료 강의'나 '영상 무료 강의'가 있어서 혼자 스스로 공부할 수 있다.** 루나가 강의를 듣고 책에 영작하면, 나는 책의 정답을 보고 고쳐줬다.

처음에는 <8문장으로 끝내는 유럽여행 영어회화> 강의를 듣고 2~3회 공부했고, 이후에는 <8시간에 끝내는 기초영어 미드천사> 강의를 들으며 2회 공부했다. 다음으로 <단단 기초 영어공부 혼자하기> 강의를 들으며 2회 했고, 이후에 <중학영어 독해비급>을 2회째 공부하고 있다.

그리고 루나가 3학년이 시작하기 전에, 학교에서 쓰는 영어 참고서를 2권씩 샀다. 그리고 초등학교 영어 교과서를 같이 읽고 단어 뜻을 알려주며 예습했다(예습 방법rb.gy/lrv4h). 사실 루나는 안 해도 되지만, 수업에서 모르는 부분이 조금만 나와도 학생은 위축되기에 하는 게 좋을 것 같았다.

<중학영어 독해비급> 외에는 영어 일기를 매일 2~3문장씩 쓰고 있다. 이후에 내가 틀린 부분을 교정

해주고, 어휘를 정리해준다. 루나는 고쳐진 문장을 다시 한 번 쓰고, 정리해 준 어휘는 5회~10회 반복해서 쓴다. 영어를 잘 모르는 부모님도 나처럼 할 수 있다. 챗GPT(무료)를 활용하면 알아서 교정해주고 영작도 해준다. 챗GPT의 영어 능력은 웬만한 영어 강사, 원어민보다 낫다. 챗GPT 사이트: chat.openai.com

이후에 루나가 할 것들

나에게 '감사' 연락이 오는 경우도 많다. 한 번은 어떤 독자분의 자녀가 중학생인데, 학원을 안 다니고 집에서 <TOP10 연설문> 학습만으로 전교에서 1-2등을 한다고 했다. 이처럼 내 책만 공부해도 대학생 때까지 일부 영어 인증 시험 외에 다른 영어 공부는 필요 없다.

루나는 남은 저서를 공부할 생각이다. 쉬운 것부터 <유레카 팝송 영어회화 200>, <6시간에 끝내는 생활영어 회화천사>, <챗GPT 영어명언 필사>, <영어명언 만년 다이어리>, <이상한 나라의 앨리스 영화영어 공부>, <4시간에 끝내는 영화영작>, <잠언 영어성경>, <TOP10연설문>, <TOP10 영한대역 단편소설>이 있다. 이 중 적어도 <이상한 나라의 앨리스 영화영어 공부>까지는 초등학생 때 끝낼 예정이다. 각 책의 특징은 <영어 공부법 MBTI+수준별 영어책 추천(1000원)>에 소개되어 있다.

보습학원과
어학원의
차이

보습학원은 내신 위주로 가르치고, 어학원은 실력 위주로 가르친다. 그런데 중학생 때 **성적이 아무리 좋아도 고등학생 때 실력이 없으면 뒤처진다.** 그래서 기본 실력을 키우는 것이 더 중요하다. 사실 학원보다는 선생님에 따라 좌우 되는 것이 크지만, 그래도 영어만 본다면 어학원 쪽이 더 낫다.

그리고 **한 학년에 여러 반이 있는 학원**이 좋다. 한 학년이 한 반에 모아진 경우는 수준별로 나눠져 있지 않아서 효율이 많이 떨어진다. 그래서 학교별/학년별로 나누면 안 되고 수준별로 나눠야 한다. 오히려 실력이 다른 학생을 한 반에서 같이 수업하는 것이 차별이다. 그런데 학원에서 인원이 적다고 학년 상관 없이 반을 나누면 어떨까? 만약 본인의 아이가 중학교 3학년인데, 실력이 중학교 1학년이라고 2살 어린 애들과 수업을 들으면 괜찮을 부모가 있을까?

좋은 학원,
좋은 선생님
고르는 법 1

잘 하는 아이들을 더 잘하게 하는 것은 쉽다. 어떻게 가르쳐도 잘 이해한다. 오히려 **못하는 아이들을 잘하게 만드는 것은 어렵다.** 애초에 영어에 많은 상처를 받았고, 더 이상 노력해도 영어를 잘할 수 없다는 좌절감에 빠져서 영어가 싫은 아이들이 대부분이다.

영어를 처음 배울 때는 어떤 책이 좋은지, 어떤 선

생님이 좋은지 알 수 없다. 영어를 잘한다고 좋은 선생님이 아니다. 상대방이 이해할 수 있도록 **상대방의 입장에서 설명해주는 선생님이 좋은 선생님**이다.

우리가 한국어를 잘하지만 한국어 선생님이 아닌 것처럼, 영어를 잘한다고 모두 영어 선생님은 아니다. 오히려 학생 때 영어를 쉽게 잘했으면, 잘 못 가르칠 확률이 훨씬 높다. 나 역시 내가 영어를 어렵게 배웠기에 가르칠 때 큰 도움이 됐다.

최고의 축구 선수는 최고의 감독이 되기 어렵다. 재능이 부족한 선수들을 볼 때마다 답답할 뿐이다. 자신은 본능적으로 잘했기에 어떻게 해야 그 선수들의 부족한 부분을 키울 수 있는지는 모른다. 그래서 히딩크, 박항서가 뛰어난 감독이 될 수 있었던 이유는 선수 시절에는 잘 못했기 때문이다.

좋은 선생님께 배우면 일주일만 배워도 '안다는 느낌'이 확실하게 생긴다. 만약 한 달을 배워도 그런 느낌이 안 생긴다면, 안 맞는 선생님이거나, 수준이 맞지 않는 반에 있을 확률이 높다.

그리고 보통 3개월이면 성적이 오르고 6개월이면 당연히 올라야 한다. 만약 1년 이상 지나도 성적이 오르지 않는다면 절대 그 학원은 더 다니면 안 된다.

배워보기도 전에 과외 선생님이 좋은지 판단하기는 어렵다. 하지만 몇가지 참고 자료를 제시한다면, 1.여러 과목 아닌 선생님(예를 들어 '수학, 영어' 말고 수학만) < 2.명문대 < 3.본인이 직접 광고한 것 < 4.학생인지 졸업생인지 < 5.전공생 < 6.학원 경력 2년이상 < 7.실적. 실적이 가장 믿을 만 하고, 다음이 학원 경력이다. 여러 과목이 아닌 선생님이 가장 덜 중요하다. 그 이유는,

**1.
한 과목만
가르치는
선생님**

여러 과목을 가르친다는 것은 **다른 말로 하면 한 과목도 제대로 못 가르친다는 뜻일 수도** 있다. 특히나 고등학생 때는 수업 준비를 안 하면 전공생도 풀기 어려운 문제가 종종 나온다. 그 문제를 학생의 수준에 맞추어 설명할 수 있도록 매번 준비해가기란 어렵기에 한 과목만 가르치는 선생님이 더 믿음이 간다.

**2.
명문대생**

공부를 잘해본 사람이 공부를 잘할 수 있게 만든다는 것은 당연하다. 명문대 학생(혹은 졸업생)이라면 적어도 공부를 잘해봤고, 어떻게 해야 공부를 잘하는지 아는 경우가 많다. 다만, 공부를 못해본 적이 없다는 게 공부를 못하는 학생의 마음을 이해하기 어렵고, 그 학생의 수준에 맞춰서 설명하기는 더 어려울 수 있다.

3.
본인이 직접
광고한 것

과외 대행사를 통하는 과외는 중간 소개가 있기 때문에, 수수료를 먹기도 하고 선생님도 검증하기 어렵다. **과외비가 싸다고 무조건 좋은 게 아니다. 돈을 내고 배운다는 것은 돈을 낸 만큼 시간을 절약하는 것인데**, 시간을 절약하기는커녕 낭비하게 된다면 안 하니만 못할 수 있다. 되도록 자신의 이름을 밝히고(가능하다면 졸업 학교와 사진까지 밝힌 과외 광고라면 더 좋다) 직접 광고를 한 사람은 책임감이 있을 확률이 높다.

4.
졸업생
여부

1~2학년보다는 3~4학년이 낫고 3~4학년보다는 졸업생이 나을 확률이 높다. 물론 1~2학년들 중에서도 뛰어난 선생님이 있겠지만, 대부분 용돈벌이로 혹은 재미 삼아 하는 선생님도 있다. 3~4학년들은 취업준비 때문에 바쁘지만 상대적으로 성실한 경우가 많다.

5.
전공생

명문대생보다는 전공생이 낫다. 영어 과외는 영어 전공생이, 수학 과외는 수학 전공생이 가르치면, 가르치는 선생님도 명쾌하게 열정적으로 가르치는 경우가 많다. 어떤 학문을 전공했다는 것은 그 학문을 깊이 안다기보다, 어느 선까지는 궁금한 부분을 직접 찾아서 해결할 수 있다는 의미라고 생각한다.

6.
학원 경력
2년 이상

과외 선생님이 학원 선생님은 될 수 없지만, 학원 선생님은 과외 선생님이 될 수 있다. 학원에서는 1:다수로 강의해야 하므로 더 어렵다. 그리고 학원은 못하면 퇴출되기 때문에, 그 방면에서 2년 이상의 경력을 쌓았다는 것은 자신만의 노하우가 있는 것이다.

예를 들어, 중학생을 가르친다면 중학생 대상의 학원에서 가르친 적이 있는 선생님이 더 좋다. 그리고 초등학생 가르치던 선생님이 고등학생을 가르치는 건 어렵지만, 고등학생을 가르치던 선생님이 초등학생을 가르치는 것은 가능하다. 물론 초등학생을 가르치던 선생님이 초등학생을 가르치는 게 더 이상적이다. 단지 강의의 내용만 중요한 게 아니라, 학생을 이해하고 공감하는 것도 중요하기 때문이다.

7.
실적

얼마 만에 몇 등급으로 올렸다는 구체적인 실적이 많이 있는 선생님이라면 더 믿을 수 있다. 과거에 학생의 성적이 오르게끔 한 구체적인 실적이 있다면, 다시 그렇게 할 수 있는 확률이 높다. 어떤 성적과 학년의 학생들을 가르쳐 본 선생님인지 봐야 하고, **기왕이면 못하는 학생을 잘하게 만든 선생님이 더 좋다. 2~3등급을 1등급으로 만드는 것 보다, 6~7등급을 2~3등급으로 만들기가 더 어렵기 때문**이다.

한국어를 익힐 때, '글'보다 '말'을 먼저 배운다. 그 이유
는 '말'이 더 쉽고 재미있기 때문이다. 그리고 말로 이미
아는 단어의 문자를 보는 것은 재미있는데, 읽기도 어
려운 단어의 '문자'와 '소리'를 익히는 것은 재미 없다.

소리를 익힐 때는 '귀'에 집중해야 한다. '눈'에 집
중하면 소리가 잘 안들린다. 그렇기에 귀로 듣고 '언어'
로 익히는 게 더 중요하다. '문자'의 소리(파닉스)를 알
게 되면 그 때부터는 본능적으로 영어를 눈으로 읽으
려고 한다. '들으려고'는 하지 않는다.

가능한 '파닉스'를 익히기 전에, 어느정도 영어를
말로 익혀 놓는 게 좋다. <아빠표 영어 구구단> 시리즈
도 최소 4~5단을 익히기 전까지는 파닉스를 하지 말라
고 권한다. 가능한 10단까지 끝내고 이후에 <아빠표
초등영어 파닉스>를 통해 알파벳을 익히고, 이미 익힌
소리를 실제 단어와 연결짓는 것이 좋다.

내가 영어를 못했던 가장 큰 이유는 '영어를 읽을 수 없
었기 때문'이다. 그렇기에 어떻게 하면 더 쉽고 빠르게
'파닉스'를 익힐 수 있을까 고민하며 파닉스 책만 5권
을 집필했다.

예전에 영어를 못 읽는 사람들은, 한글 발음을 영
어 문장 밑에 써놓고는 했다. 예를 들어, I love you가

있으면 밑에 '아이 러브 유'라고 적어 놓았다. 이런 방법의 문제점은 한글식으로 읽기 때문에 '발음이 좋지 않다'는 것이다. 그래서 한글을 전혀 적지 않은 영어 단어로 파닉스를 배우는 경우가 많다.

근데 그런다고 결과가 달라질까? 이미 한글을 익힌 사람은 l이나 r을 'ㄹ'과 연관지어 생각할 수밖에 없다. 차라리 ㄹ은 l과 r로 나뉜다고, 각각의 소리를 가르쳐 주는 게 훨씬 빨리 익힐 수 있다. 한글 표기에서의 문제점은 표기를 바꿔서 해결할 수 있다. love를 '러브'로 표기하지 않고 '러ㅂ'나 '럽(ㅂ)'으로 표기해서 영어식으로 쓰면 훨씬 원래의 소리에 가깝게 읽을 수 있다. 아니면, ㄹ대신 l이나 r을 써서 표기할 수도 있다.

그리고 **영어 자체로 받아들이는 것은 나중에 해도** 늦지 않다. 실력이 오르면 언젠가는 영어식으로 받아들이게 된다. 그렇기에 내 파닉스 책은 '한글'로 대응되는 영어 발음을 먼저 익히고, 이후에 '한국어'와 '영어'의 발음 차이에 대해 익히게 되어있다.

영어 원서 읽기를 시키지 않은 이유

영어 원서를 읽는 수준은 최소 초등학교 고학년이다. 왜냐하면 영어원서를 읽다 보면 대부분 중간중간 뜬금없이 어려운 단어가 튀어나오는데, 그때마다 단어 뜻을 알려 주기도 어렵고, 제대로 뜻을 알려 주며 가르치기에는 시간이 너무 오래 걸린다.

뜻을 모른 채로 세이펜이나 MP3 파일을 활용해 무작정 듣고, 따라 말해 볼 수도 있지만, 그 역시 아이가 영어를 어느 정도는 읽는데 어려움이 없고, 기본적인 어휘는 알고 있을 때의 이야기이지, 그렇지 않으면 재미도 없고 실력이 느는데 시간이 오래 걸린다.

루나가 <중학영어 독해비급>으로 영어 해석에 어려움이 없어지고, 기본적인 영작이 가능해지면, 어휘 확장과 유창성을 위해 원서 읽기도 할 생각이다.

유학 가는
최적기

그동안 여러 국제캠프와 영어강사 생활 등을 하면서, 영어를 잘하게 된 사람들에게 '언제 유학을 다녀왔는지'를 물어봤는데, **가성비를 봤을 때 중학생 때쯤이 가장 좋았다. 언어가 완성되는 시기가 초등학교 고학년~중학생이기 때문**인 것 같다. 저학년 때 다녀오면 한국어 실력이 낮아 영어도 잘 안 늘고, 성인이 돼서 간 경우에는 실력이 느리게 느는 데다가 발음이 안 좋은 경우가 많다.

그래서 경제 사정이 허락하면, 루나가 중학생이 됐을 때, 약 1년 가량 여행하며 다양한 것을 보고, 실전 영어회화 연습을 할 생각이다.

'영영사전'을 쓰면 좋다는 말을 많이 한다. 하지만 '영영'사전을 쓰려면, 최소 고등학생 수준이 돼야 한다. **낮은 수준의 영영 사전(롱맨 액티브 스터디)이 3천 단어로 설명**을 해놨는데, 중학교 수준이 약 2천 단어, 고등학교 수준이 약 5천 단어이기 때문이다.

게다가 영영사전 특유의 어투가 있다. 완벽한 문장으로 뜻을 설명하지 않고, to부정사를 많이 쓰거나, 간단한 단어 몇 개만으로 설명을 하곤 하는데, 그 어투에 익숙해지기까지는 시간이 꽤 걸린다. 그래서 아직 영어를 잘 하지 못하는 사람은 '영영'사전보다는 '영한'사전을 써야 한다.

옛날에 만들어진 사전을 보면, 대부분 '일본어로 된 영어사전을 번역'한 것이 많다. 원어민의 어감보다는 일본인의 생각을 한 번 거쳤기에, 뜻이 정확하지 않은 경우가 많다. 또한 원어민이 중요하게 생각하는 것들을 놓치기도 했다. 예를 들어, 영어의 동사가 가진 각각의 어감을 제대로 살리지 못했고, 더 중요한 뜻을 위에 놓아야 하는데, 중요하지 않은 뜻이 먼저 나오는 경우도 많다.

그걸 보완할 수 있는 사전도 있다. 영영 사전을 번역한 사전(능률 롱맨 영한사전)이나, 같이 수록한 롱맨 영영한사전(금성출판사) 등이 있다. 가볍게는 네이버 영어사전(en.dict.naver.com)에서 영어 단어를 검색하면, '옥스포드 사전'을 번역한 걸 가장 먼저 보여 주는데, 뜻이 정확하다. 내가 영어를 전공할 때 유명했던 사전은 '옥스포드'와 '콜린스 코빌드'였었다.

처음 보는 단어와 문장 읽는 법은?

파닉스를 익혔어도 영어단어의 '발음기호'만으로는 정확한 원어민의 소리를 알 수는 없다. 이 때 '네이버 영어사전(en.dict.naver.com)'에서 영어단어를 검색하면 '나라별'로 다양한 발음을 들을 수 있다. 그런데 영어 '문장'은 '단어'보다 복잡하다. '연음'이나 '강세' 등이 달라져서 다르게 들리기도 한다. 그 정확한 소리를 듣고 싶다면 내츄럴 리더(naturalreaders.com)에 접속하면 다양한 목소리로 영어 문장을 들을 수 있다.

단어장을 쓰지 말아야 할 이유

단어장으로 출간된 책을 처음부터 끝까지 보고, 어휘를 익힌 사람은 50명 중 한 명 정도이다. **익힐 수 없기에 단어장은 버려야** 한다. 알고 있는 단어가 얼마나 되는지 확인하려고 단어장을 보는 것은 좋다. 단어장으로 단어를 암기하는 것은 잘 외워지지 않는다.

자신이 모르는 단어가 많을 수록 집중이 더 안된다. 그래서 일부 전문가들은 자신이 알고 있는 단어가

70%가 넘는 단어를 보라고 한다. 그러나 이미 70%나 아는 단어장을 익히는 것은 비효율적이다.

단어장 없이 단어를 익히는 법

나는 독해지문을 통해서 단어를 외우는 것을 추천한다. 자신의 **수준에 맞는 독해집을 사서, 반복 해석하다 보면 그 책의 단어를 다 알게 된다.** 그렇게 몇 권만 반복해서 보면 모르는 단어가 거의 없다. 독해 지문을 고를 때 한 지문에 모르는 단어가 5개 정도면 적당하다. 3개면 쉽고, 7개면 어렵다.

1. 해석하면서 모르는 어휘가 나올 때마다 뜻을 확인 후, 노트의 왼편 끝에 영어 단어만 적는다.

2. 끝까지 해석하고 오른편 끝에 한글 뜻을 적는다. 적지 못한 어휘는 뜻을 확인 후 빈칸으로 남겨둔다.

3. 시간이 흐르고 다시 지문을 해석하면서 모르는 단어가 나올 때만 노트를 확인한다.

4. 단어장만 볼 때는 왼편 영어단어를 보고 아는 단어면 다음 단어를 보고, 모르는 단어면 오른편의 한글 뜻을 확인한다. 적지 못한 단어의 뜻을 맞췄으면 뜻을 적고, 못 맞췄으면 아직 적지 않는다.

5. 2~3번 반복해서 확실히 알게 된 어휘는 놔두고, 모르는 어휘 앞에 *을 표기해서, 모르는 어휘만 본다.

6. 노트 한 권이 끝나고 90% 이상 단어를 익혔으면, 새

로운 노트에 모르는 어휘만 옮겨 적는다.

꼭 단어장을 보고 싶다면 단어장을 볼 때는 오랜 시간 보기보다는 짧은 시간 여러 번 보는 것이 효과적이다.

아는 단어는 지워야 한다. 아는 것을 반복하는 시간은 되도록 줄이고, 모르는 것에만 집중해서 단어장을 보는 것이 좋다.

사람들은 충격적인 장면을 봤을 때 보다 쉽게 기억한다. 단어를 외울 때 일반적인 상상을 하면 기억에 남지 않는다. 단어와 관련해서 좀 더 과장되고, 과격한 상상을 해야 한다. 일부러 단어와 관련된 충격적인 장면을 상상하면서 외우면 더 쉽게 기억한다.

단어를 외울 때, 자신이 많이 알고 있는 것과 관련된 단어는 쉽게 외워지고, 자신이 잘 모르는 분야는 잘 외워지지 않는다. 그래서 단어와 관련된 생각이 클수록 더 쉽게 외워진다. 단어만 달랑 외우는 것보다는, 문장 안에서 외우는 게 더 잘 외워지고, 단락 안에서 외우는 건 더 잘 외워진다. 나 역시 그동안 50권 가량 출간하면서 **'단어장'을 따로 출간하지 않고, 독해나 영작을 통해 자연스럽게 익혀지도록** 했다. 더 많은 도서 추천은 <영어공부법 MBTI+수준별 영어책 추천(1000원)>에 담았다.

부록1: 빈도순 1000 단어

1	you	너는, 너를	33	with	~과 함께
2	I	나는	34	so	그래서, 아주
3	to	~에게	35	but	그러나
4	the	그	36	she	그녀는
5	is	상태나 모습이다	37	all	모든
6	it	그것은, 그것을	38	well	잘, 글쎄
7	not	~하지 않는다, ~가 아니라	39	think	생각하다
8	that	저, 저것	40	want	원하다
9	and	그리고	41	about	~에 대하여
10	do	한다	42	right	옳은, 오른쪽
11	have	가지다	43	did	~했다
12	are	상태나 모습이다	44	would	~하려한다
13	what	무엇은, 무엇을	45	here	여기
14	of	~의	46	out	밖에
15	me	나를	47	there	거기
16	how	어떻게, 얼마나	48	like	좋아한다
17	know	안다	49	if	~한다면
18	in	~안에	50	her	그녀의, 그녀를
19	go	가다	51	okay	괜찮은
20	this	이, 이것	52	can	~할 수 있다
21	get	생기다	53	come	오다
22	no	누구도 ~하지 않는다	54	him	그를
23	for	~을 위해	55	say	말하다
24	we	우리는	56	up	위 쪽으로
25	he	그는	57	now	지금
26	my	나의	58	they	그들은
27	was	상태나 모습이다	59	tell	말하다
28	just	단지, 막	60	see	보(이)다
29	will	~할 것이다	61	at	~의 지점에서
30	be	상태나 모습이다	62	look	눈을 향하다
31	on	~에 접촉해서	63	one	어떤 한 사람, 어떤 한 물건
32	your	너의	64	make	만들다

미국인이 많이 쓰는 빈도순 어휘 순서입니다.
이름, 특수 지명, 감탄사를 빼고 더 많이 쓰는 순서로 1000 단어를 수록했습니다.
암기를 위한 목적이 아니라, 본인의 어휘 수준을 알기 위한 자료입니다.
영어 단어만 보고 뜻을 생각해 보고, 이후에 한글을 보고 확인하세요.
품사별 빈도순 어휘는 〈8시간에 끝내는 기초영어 미드천사: 기초회화패턴〉에 있습니다.

65	really	정말로	97	way	방법, 길
66	why	왜	98	thank	감사하다
67	head	머리	99	an	한
68	us	우리를	100	give	주다
69	take	가져가다	101	little	약간
70	mean	의미하다	102	does	한다
71	home	집	103	them	그들을, 그것들을
72	good	좋은	104	where	어디(에서)
73	time	시간	105	gonna	(당연히) ~할 것이다
74	help	돕다	106	never	절대 ~하지 않는다
75	could	~할 수도 있다	107	too	너무
76	as	~할 때, ~로서	108	man	남성, 사람
77	let	허락하다	109	kill	죽이다
78	who	누구	110	feel	느끼다
79	when	~할 때	111	guy	사내
80	love	사랑하다	112	should	~해야 한다
81	thing	~것	113	hear	들리다
82	back	뒤로	114	our	우리의
83	were	상태나 모습이었다	115	call	부르다, 전화하다
84	can't	할 수 없다	116	find	찾다
85	from	~로 부터	117	try	시도하다
86	something	어떤것	118	sure	확신하는
87	need	필요하다	119	more	더 많은, 더 많이
88	his	그의	120	over	~위에
89	been	상태나 모습이다	121	sorry	미안한
90	some	약간	122	happen	발생하다
91	or	또는	123	guess	추측하다
92	because	~하기 때문에	124	work	일하다
93	great	대단한	125	am	상태나 모습이다
94	talk	말하다	126	maybe	아마도
95	heart	마음, 심장	127	down	아래쪽으로
96	then	그러고 나서	128	very	아주

129 hope	소망하다	166 mom	엄마
130 by	~에 의해	167 dad	아빠
131 life	생명, 삶	168 other	다른
132 anything	어떤 것	169 fine	좋은
133 wait	기다리다	170 friend	친구
134 much	많은, 많이	171 kind	종류, 친절한
135 any	어떤	172 leave	남기고 떠나다
136 even	심지어	173 excuse	봐주다, 변명
137 off	~에 떨어져서	174 listen	귀 기울이다
138 please	부탁합니다	175 after	~후에
139 door	문	176 year	년
140 only	오직	177 big	큰
141 high	높은, 높이	178 last	마지막, 지난
142 two	두개인	179 these	이, 이것들
143 day	날	180 around	주위에
144 people	사람들	181 care	돌보다
145 god	신	182 live	살다
146 keep	유지하다	183 use	사용하다
147 show	보여주다	184 lot	많음
148 nothing	아무것도 (아니다)	185 start	시작하다
149 still	여전히	186 always	항상
150 believe	믿다	187 hate	싫어하다
151 into	~의 안 쪽으로	188 baby	아기
152 night	밤	189 girl	소녀
153 again	다시	190 Mr.	~씨
154 ask	묻다, 요구하다	191 those	저, 저것들
155 everything	모든 것	192 stay	머무르다
156 before	~전에	193 minute	분(시간)
157 better	더 좋은	194 being	상태모습인 것
158 ever	한번도, 언제나	195 late	늦은
159 than	~보다	196 wrong	틀린
160 deal	거래	197 through	~을 통해
161 stop	멈추다	198 new	새로운
162 put	놓다	199 woman	여성
163 away	멀리	200 mother	어머니
164 first	첫번째(인)	201 bad	나쁜
165 long	긴	202 father	아버지

203	understand	이해하다	240	problem	문제
204	place	장소, 위치시키다	241	move	움직이다
205	remember	기억하다	242	yourself	너 자신을
206	actually	사실은	243	own	~의 소유인
207	marry	결혼하다	244	break	부수다
208	else	그 밖에	245	miss	놓치다, 그리워하다
209	run	달리다	246	whole	전체의
210	fight	싸우다	247	another	또 하나의
211	together	함께	248	hand	손
212	kid	아이	249	best	최고의, 최고로
213	lose	지다, 잃다	250	change	바꾸다
214	eat	먹다	251	hold	유지하다
215	family	가족	252	son	아들
216	name	이름	253	play	놀다, 경기하다
217	figure	모습(을 알아내다)	254	hurt	아프게하다, 아픈
218	nice	좋은	255	which	어떤 것
219	course	물론, 과정	256	room	방
220	date	날짜	257	money	돈
221	drive	운전하다	258	left	leave의 과거, 왼쪽
222	someone	누군가	259	husband	남편
223	done	끝난	260	lie	거짓말하다
224	their	그들의	261	tonight	오늘 밤
225	honor	명예	262	matter	문제
226	might	~할지도 모른다	263	dream	꿈꾸다
227	bring	가져오다	264	real	진짜인
228	boy	소년	265	meet	만나다
229	buy	사다	266	forget	잊다
230	house	집	267	same	같은
231	worry	걱정하다	268	die	죽다
232	mind	마음	269	job	직업
233	every	모든	270	free	자유로운
234	enough	충분한, 충분히	271	suppose	추측하다
235	happy	행복한	272	pretty	꽤, 예쁜
236	idea	아이디어	273	dinner	저녁식사
237	old	늙은	274	cool	멋진, 시원한
238	must	~해야 한다	275	kiss	키스
239	turn	돌다, 바꾸다	276	exactly	정확히

277 already	이미	314 today	오늘
278 may	~할 것 같다	315 handle	다루다
279 next	다음	316 sweet	달콤한
280 three	셋인	317 car	자동차
281 hard	어려운, 힘든	318 ready	준비된
282 seem	~처럼 보이다	319 until	~할 때까지
283 expect	기대하다	320 without	~없이
284 world	세계	321 whatever	무엇이든
285 explain	설명하다	322 dance	춤추다
286 honey	사랑하는 사람, 꿀	323 week	주
287 wonder	궁금해하다	324 yet	아직
288 child	아이	325 part	부분
289 myself	나 자신을	326 hour	시간
290 walk	걷다	327 invite	초대하다
291 check	확인하다	328 chance	기회
292 drop	떨어트리다	329 once	한번도, 언제나
293 dead	죽은	330 somebody	누군가
294 second	두번째인	331 morning	아침
295 pay	지불하다	332 reason	이유
296 probably	아마도	333 stuff	물건
297 sit	앉다	334 anyone	누군가
298 cause	야기하다	335 most	대부분의, 가장
299 watch	보다	336 business	사업
300 face	얼굴	337 open	열다
301 end	끝내다	338 point	지점, 요점
302 both	둘 다	339 sleep	자다
303 while	~하는 동안	340 truth	진실
304 word	단어	341 eye	눈
305 gotta	~해야 한다	342 different	다른
306 plan	계획, 계획하다	343 school	학교
307 sound	~처럼 들리다, 소리	344 lucky	운좋은
308 soon	곧	345 blow	불다
309 doctor	의사	346 control	통제하다
310 alone	혼자	347 answer	대답
311 brother	형제	348 true	진실인
312 since	~이래로	349 each	각각의
313 question	질문	350 guard	경비

351	dress	드레스	388	involved	관련된
352	few	2~3개인	389	concern	염려하다
353	wife	아내	390	fire	불
354	drink	마시다	391	everyone	모두들
355	easy	쉬운	392	speak	말하다
356	anyway	어쨌든	393	important	중요한
357	trust	신뢰하다	394	spend	보내다
358	person	사람	395	crazy	미친
359	promise	약속하다	396	ago	~전에
360	stand	서다, 견디다, 입장	397	perfect	완벽한
361	hair	머리	398	couple	커플
362	Dr.	(의사,박사) ~씨	399	act	행동하다
363	case	경우	400	set	놓다
364	decide	결정하다	401	interested	흥미있는
365	such	그런	402	party	파티
366	grow	자라다, 키우다	403	glad	기쁜
367	sister	여동생, 누나	404	afraid	두려운
368	daughter	딸	405	between	~사이에
369	many	수가 많은	406	bit	약간
370	save	구하다, 아끼다	407	read	읽다
371	fact	사실	408	serious	진지한
372	send	보내다	409	rest	나머지, 쉬다
373	phone	전화	410	fun	재미있는
374	hide	숨다	411	enjoy	즐기다
375	fall	떨어지다	412	book	책,예약하다
376	pick	고르다	413	possible	가능성 있는
377	cover	덮다	414	clean	깨끗한
378	wish	소망하다	415	judge	판사
379	tomorrow	내일	416	either	어느 하나는, 어느 하나도
380	imagine	상상하다	417	Mrs.	(결혼한 여자) ~씨
381	anymore	더이상	418	under	~아래에
382	five	5개인	419	catch	잡다
383	least	가장 적은	420	lady	숙녀
384	calm	조용한	421	write	쓰다
385	town	마을	422	anybody	누군가
386	everybody	모두들	423	hit	치다
387	beautiful	아름다운	424	game	게임

425 hang	걸다	462 office	사무실
426 forgive	용서하다	463 news	뉴스
427 throw	던지다	464 fool	멍청한
428 cut	자르다	465 realize	깨닫다
429 hospital	병원	466 surprise	놀라다
430 far	먼	467 half	절반
431 finally	마침내	468 side	쪽
432 power	힘	469 yours	너의것인
433 ground	땅	470 shot	쏘다
434 force	강요하다	471 picture	그림
435 alright	괜찮은	472 blood	피
436 trouble	문제	473 join	가입하다
437 mine	나의 것인	474 safe	안전한
438 though	~하지만	475 pull	밀다
439 times	번, 배	476 sex	성별, 성교하다
440 line	줄	477 young	젊은
441 kick	차다	478 dark	어두운
442 order	주문하다, 명령하다	479 celebrate	축하하다
443 nobody	누구도 ~하지 않는다	480 clothes	옷
444 wedding	결혼식	481 full	가득한
445 discuss	논의하다	482 sometimes	때때로
446 shut	닫다	483 bed	침대
447 able	가능한	484 doubt	의심하다
448 number	숫자	485 also	또한
449 police	경찰	486 law	법
450 story	이야기	487 totally	완전히
451 certainly	확실히	488 hook	
452 ya	(너)	489 sign	신호, 표시
453 month	달	490 cute	귀여운
454 deep	깊은	491 knock	노크하다
455 against	~에 반대해서	492 death	죽음
456 funny	웃기는	493 moment	순간
457 scared	무서운	494 wear	입다
458 almost	거의	495 honest	진실한
459 stupid	명청한	496 create	창조하다
460 gift	선물	497 behind	~뒤에
461 human	인간	498 inside	~안에

499	finish	끝내다	536	learn	배우다
500	ahead	앞으로	537	body	몸
501	girlfriend	여자친구	538	front	앞
502	mistake	실수	539	clear	분명한
503	wonderful	놀라운	540	follow	따라가다
504	sense	감각	541	light	빛, 가벼운
505	past	지난	542	hot	뜨거운
506	demon	악마	543	explain	설명하다
507	quite	꽤	544	test	시험
508	agree	동의하다	545	win	이기다
509	sick	아픈	546	six	여섯인
510	file	서류	547	parents	부모님
511	follow	따라가다	548	early	이른, 일찍
512	obviously	명백히	549	absolutely	절대적으로
513	along	~를 (쭉) 따라	550	alive	살아있는
514	fill	채우다	551	dance	춤추다
515	body	몸	552	special	특별한
516	upset	속상한	553	bet	틀림 없다
517	light	빛, 가벼운	554	touch	건드리다
518	absolutely	절대적으로	555	ain't	상태나 모습이 아니다
519	protect	보호하다	556	kidding	농담하는 중인
520	secret	비밀인	557	honest	진실한
521	dear	아끼는 사람	558	full	가득한
522	sweetheart	사랑스러운 사람	559	dear	(아끼는) 사람
523	himself	그 자신	560	movie	영화
524	darling	사랑하는 사람	561	build	짓다
525	Ms.	성인 여성 (결혼 안 한)	562	coffee	커피
526	dude	녀석	563	fault	잘못
527	buddy	친구	564	water	물
528	gentleman	신사	565	ten	10인
529	herself	그녀 자신	566	choice	선택
530	girlfriend	여자친구	567	fast	빠른, 빠르게
531	ma'am	님(여자)	568	steal	훔치다
532	others	다른 것들, 다른 사람들	569	welcome	환영하다
533	stick	붙다. 막대기	570	pain	고통
534	drop	떨어트리다	571	paper	종이
535	finish	끝내다	572	Christmas	크리스마스

573	outside	밖에서	
574	worse	더 나쁜	
575	company	회사	
576	pass	보내다	
577	handle	다루다	
578	personal	개인의	
579	cop	경찰관	
580	gun	총	
581	control	통제하다	
582	marriage	결혼	
583	president	대통령	
584	piece	조각	
585	unless	(혹시라도)~하지 않는다면	
586	offer	제공하다	
587	grow	자라다, 키우다	
588	foot	발	
589	agree	동의하다	
590	ass	엉덩이	
591	hundred	100	
592	murder	살인하다	
593	strong	강한	
594	dog	개	
595	completely	완벽히	
596	relationship	관계	
597	dress	드레스	
598	push	밀다	
599	hair	머리카락	
600	anywhere	어디든	
601	future	미래	
602	weird	이상한	
603	simple	단순한	
604	breathe	숨쉬다	
605	dangerous	위험한	
606	shoot	쏘다	
607	somewhere	어딘가	
608	straight	곧게, 쭉	
609	sell	팔다	

610	cold	추운	
611	entire	전체의	
612	food	음식	
613	wake	깨우다	
614	state	상태, 주(지역)	
615	none	누구도 아님, 어떤것도 아님	
616	birthday	생일	
617	clean	깨끗한	
618	terrible	끔찍한	
619	street	거리	
620	message	메시지	
621	concern	염려하다	
622	mention	언급하다	
623	begin	시작하다	
624	city	도시	
625	deserve	~을 받을 만하다	
626	angry	화난	
627	become	~가 되다	
628	teach	가르치다	
629	twenty	20인	
630	class	수업	
631	key	열쇠, 핵심	
632	sweetheart	사랑하는 사람	
633	forever	영원히	
634	poor	가난한, 불쌍한	
635	ride	타다	
636	mad	미친	
637	hide	숨다	
638	except	~을 제외하고	
639	charge	부과하다	
640	appreciate	감사하다	
641	especially	특히	
642	notice	알리다	
643	quick	빠른	
644	situation	상황	
645	blow	불다	
646	besides	게다가	

647	himself	그 자신을	684	strange	이상한
648	worth	가치있다	685	crime	범죄
649	amazing	놀라운	686	dollar	달러
650	top	꼭대기	687	tired	피곤한
651	cover	덮다	688	America	미국
652	count	세다	689	evening	저녁
653	rather	차라리 ~하다	690	human	인간
654	involved	관련된	691	red	붉은색인
655	swear	맹세하다	692	trip	여행
656	card	카드	693	club	동호회
657	lead	이끌다	694	memory	기억
658	busy	바쁜	695	calm	조용한
659	black	검은색	696	imagine	상상하다
660	press	누르다	697	present	현재, 선물
661	TV	텔레비전	698	fair	공정한
662	suddenly	갑자기	699	blame	비난하다
663	country	나라, 시골	700	apartment	아파트
664	usually	일반적으로	701	favor	호의
665	drug	마약, 약	702	court	법정
666	less	더 적은	703	accept	받아들이다
667	perhaps	아마도	704	responsible	책임있는
668	step	단계, 걸음	705	relax	휴식하다
669	darling	사랑하는 사람	706	burn	불태우다
670	fix	고치다	707	million	백만
671	Ms.	(여자) 씨	708	charity	자선
672	air	공기	709	accident	사고
673	record	기록하다	710	prove	증명하다
674	honor	명예	711	bag	가방
675	treat	다루다	712	smart	똑똑한
676	admit	인정하다	713	small	작은
677	till	~할 때까지	714	ball	공
678	arm	팔	715	table	탁자
679	enjoy	즐기다	716	fly	날다
680	rule	규칙	717	mouth	입
681	evil	악한	718	pregnant	임신한
682	definitely	분명히	719	arrest	체포하다
683	information	정보	720	middle	중간의

721	cry	울다	
722	ring	벨이 울리다	
723	careful	조심스러운	
724	shall	(분명히)~한다	
725	dude	(남자) 녀석	
726	team	팀	
727	guilty	유죄인	
728	bother	성가시게 하다	
729	instead	~대신에	
730	buddy	친구	
731	angel	천사, 여자 이름	
732	gentleman	신사	
733	patient	환자	
734	forgive	용서하다	
735	war	전쟁	
736	jail	감옥	
737	destroy	파괴하다	
738	force	강요하다	
739	lunch	점심식사	
740	ruin	망치다	
741	eight	8인	
742	ridge	산등성이	
743	thousand	천의(숫자)	
744	music	음악	
745	consider	숙고하다	
746	tough	거친	
747	tape	테이프	
748	boyfriend	남자친구	
749	college	대학	
750	proud	자랑스러운	
751	star	별	
752	bill	계산서	
753	seven	7인	
754	history	역사	
755	share	공유하다	
756	hurry	서두르다	
757	kick	차다	

758	warn	경고하다
759	allow	허락하다
760	herself	그녀 자신을
761	voice	목소리
762	letter	편지
763	list	목록
764	mess	엉망
765	evidence	증거
766	cute	귀여운
767	smell	냄새나다
768	Jesus	예수님
769	excited	흥미진진한
770	shop	가게
771	hotel	호텔
772	quiet	조용한
773	road	길
774	beat	치다
775	short	짧은
776	clothes	옷
777	threat	협박하다
778	neither	~도 아닌
779	demon	악마
780	respect	존경하다
781	carry	나르다
782	prison	감옥
783	shoes	신발
784	attention	주목
785	witch	마녀
786	near	가까운
787	pretend	~인 척하다
788	bar	술집
789	invite	초대하다
790	gift	선물
791	dark	어두운
792	self	자신
793	convince	납득시키다
794	owe	빚지다

795	waste		낭비하다
796	ice		얼음
797	incredible		(믿기지 않을 정도로) 놀라운
798	aunt		고모
799	normal		일반적인
800	lawyer		변호사
801	knock		노크하다
802	apart		떨어져서
803	girlfriend		여자 친구
804	floor		바닥
805	whether		~든 아니든
806	earth		지구, 땅
807	private		사적인
808	box		상자
809	judge		판사
810	upstairs		윗층
811	sake		목적, 이유
812	station		역
813	worst		가장 나쁜
814	sing		노래하다
815	conversation		대화
816	attack		공격하다
817	plane		비행기
818	comfortable		안락한
819	yesterday		어제
820	lately		최근에
821	lovely		사랑스러운
822	security		보안
823	report		보고서
824	rid		없애다
825	note		메모
826	store		가게
827	single		단일의
828	wall		벽
829	doubt		의심하다
830	major		주된
831	blue		푸른색인

832	jump		뛰다
833	deep		깊은
834	belong		~에 속하다
835	park		공원
836	ticket		표
837	raise		기르다
838	lord		주인
839	choose		고르다
840	join		가입하다
841	leg		다리
842	health		건강
843	fill		채우다
844	captain		대장
845	file		서류
846	manage		관리하다
847	bathroom		욕실
848	willing		기꺼이 ~하는 중인
849	window		창문
850	return		돌려주다
851	difficult		어려운, 힘든
852	soul		영혼
853	joke		농담
854	service		서비스
855	magic		마법
856	favorite		가장 좋아하는
857	uncle		삼촌
858	public		공공의
859	island		섬
860	cell		칸
861	advice		충고
862	somehow		어쨌든
863	cross		건너다, 십자가
864	boss		상관
865	issue		사안
866	grandmother		할머니
867	hire		고용하다
868	innocent		죄 없는

869	summer	여름	
870	ex	전 남편, 전 부인	
871	thirty	30인	
872	risk	위험한	
873	officer	경찰관	
874	ridiculous	말도 안되는	
875	support	돕다	
876	afternoon	오후	
877	born	태어나다	
878	apologize	사과하다	
879	finger	손가락	
880	seat	좌석, 앉히다	
881	freak	괴짜	
882	nervous	불안한	
883	across	~을 건너서	
884	song	노래하다	
885	boat	보트	
886	brain	뇌	
887	detective	형사	
888	pack	짐, 짐을 싸다	
889	general	일반적인	
890	nine	9인	
891	huge	거대한	
892	breakfast	아침식사	
893	horrible	끔찍한	
894	age	나이	
895	awful	끔찍한	
896	pleasure	기쁨	
897	quit	그만두다	
898	system	체제	
899	apparently	분명히	
900	train	훈련시키다	
901	congratulations	축하	
902	chief	최고지위자	
903	faith	신념	
904	gay	게이	
905	visit	방문하다	

906	guest	손님
907	double	두배의
908	sad	슬픈
909	forward	앞으로
910	fool	멍청한
911	spell	철자, 마법
912	tie	매듭짓다
913	Paris	파리
914	slow	느린
915	board	이사회
916	hungry	배고픈
917	position	위치
918	connection	연결
919	kitchen	주방
920	ma'am	(여성) 씨
921	during	~동안
922	experience	경험
923	space	공간, 우주
924	settle	합의하다
925	others	다른 사람들
926	grab	잡다
927	Sharon	여자 이름
928	discuss	논의하다
929	third	세번째인
930	cat	고양이
931	fifty	오십인
932	fat	뚱뚱한
933	idiot	멍청이
934	rock	바위
935	rich	부자인
936	agent	대리인, 요원
937	bunch	다발
938	bucks	달러
939	track	길, 추적하다
940	scene	장면
941	peace	평화
942	paint	칠하다

943	prepare	준비하다	980	ourselves	우리자신
944	low	낮은	981	although	~하지만
945	medical	의학의	982	smile	미소
946	attorney	변호사	983	laugh	웃다
947	head	향하다, 머리	984	fish	물고기
948	cash	현금	985	fear	두려움
949	disappear	사라지다	986	weapon	무기
950	department	부서	987	fantastic	환상적인
951	nose	코	988	otherwise	그렇지 않으면
952	beer	맥주	989	mail	우편
953	jealous	질투하는	990	cost	비용(이 나가다)
954	extra	추가의	991	green	초록색인
955	plenty	많음	992	excellent	훌륭한
956	tea	차다	993	bottom	바닥
957	ground	땅	994	cook	요리하다
958	whose	누구의	995	church	교회
959	based	기초된	996	flight	싸우다
960	beg	빌다	997	glass	유리, 유리컵
961	weekend	주말	998	remind	상기시키다
962	type	유형	999	bank	은행
963	grandfather	할아버지	1000	witness	목격자
964	opportunity	기회			
965	king	왕			
966	impossible	불가능한			
967	machine	기계			
968	dump	버리다			
969	engaged	약혼한			
970	proof	증명, 증거			
971	complete	완성(하다)			
972	career	경력			
973	warm	따뜻한			
974	twice	두 번			
975	suit	정장			
976	romantic	낭만적인			
977	animal	동물			
978	fit	딱 맞는			
979	divorce	이혼(하다)			

부록2: 초등영어 끝내기 순서

알파벳을 모르는 수준

아빠표 영어 세트 (= 아빠표 영어 구구단 시리즈)

한국어를 배울 때 '글'이 아니라 '말'부터 배우는 것처럼, 영어두 '말'부터 배워야 한다. 디만, 모국어가 확립된 5세부터는 많은 노출(영어 상호작용)이 아니고는 바로 영어로 받아들이기 어렵다.

그래서 **'한국어와 영어의 차이'를 문장의 패턴을 통해 자연스럽게 익힐 수** 있게 했다. 가르치는 법 강의 제공, 세이펜/휴대폰(QR코드)/컴퓨터로 원어민의 소리를 확인할 수 있다. 154,000원(12권, 카드 100장)

초등 2학년이 1년쯤 집에서 아빠표 영어를 익히고, 근처 어학원에서 테스트를 했어요. 어디서 배웠길래 레벨이 중학생 수준이냐고 하시더라고요. - 010 6636 ＊＊＊＊

아이에게 해줄 설명까지 위에 나와있어 엄마가 뛰어난 실력을 갖고 있지 않아도 그대로 따라하면 유아파닉스 홈스쿨링 가능합니다. - lalla＊＊

알파벳 순서 점선 따라쓰기 572

아빠표 영어 구구단을 적어도 5단~9단까지 익힌 뒤 **'알파벳의 이름'과 '알파벳이 가진 대표 소리(발음기호)'를** 따라쓰고 말하며 익힌다.

26자 알파벳(대소문자)을 각 11회씩, 총 572번을 쓰면서 알파벳의 쓰는 법, 이름과 소리를 익힌다. QR코드로 원어민 소리 확인 가능. 1,500원 (배송비 절약문고)

▶ 파닉스를 모르는 수준

아빠표 초등영어 파닉스

아빠표 영어에 쓰인 단어들을 통해 알파벳+파닉스(+ 발음기호)를 익힌다. **한글의 소리로 배우는 파닉스.** 11,400원 (아빠표 영어 세트에 포함)

초등영어 파닉스 119

'아빠표 초등영어 파닉스'의 하단 단어에서 뽑은 **알파벳 순서로 익히는 파닉스.** 각 단어마다 사진 수록, QR코드 로 원어민의 소리 확인 가능. 1,500원

빈도순 초등영어 단어 112

교육부에서 선정한 800단어를 원어민이 더 많이 쓰는 것부터 112개를 배운다. 각 단어마다 사진 수록, QR코 드로 원어민의 소리 확인 가능. 부록으로 빈도순 800단 어 수록. 1,500원

다음 단계 ◀

아빠표 초등영어   2시간에 끝내는   8문장으로 끝내는   8시간에 끝내는   단단 기초
교과서   한글영어 발음천사   유럽여행 영어회화   기초영어 미드천사   영어공부 혼자하기
                                                                 왕초보패턴 ▶ 기초회화패턴

더 궁금한 점은?	영어 출판사를 하는 이유는 제가 영어가 너무 어려웠기에 저처럼 고생하는 사람을 돕고 싶기 때문입니다. 궁금하신 점은 010-4718-1329으로 문자를 주거나 iminia@naver.com으로 메일을 주시면 꼭 답장하겠습니다. 전화 상담도 하고 싶지만, 평소 집필하거나 아이들을 챙기는 시간이 많아 전화 상담이 어렵습니다.
단톡방 초대	교육 관련 몇몇 단체 카톡방에서 활동하고 있습니다. 꼭 영어 관련 카톡방이 아니어도 좋습니다. 가능한 많은 곳에서 꼭 초대해 주셨으면 좋겠습니다. 010-4718-1329로 문자, 또는 카톡 친구 등록하거나, 카톡 아이디 iminia를 친구 등록하고 초대하시면 됩니다.
오프라인 강의	독자분들과 더 돕고 싶어서, 다양한 곳에서 오프라인 강의를 할 예정입니다. 현재는 2가지 강의(1.자기주도 영어 독서노트 / 2.하루 15분 엄마표 영어)가 있습니다. 자세한 강의 소개는 <영어 공부법 MBTI>에 담겨 있습니다. 그 외에 특별히 원하는 주제를 요청하면 협의 후에 강의할 수 있습니다. 일단은 도서관에서 주로 할 예정이고, 문화센터나 다른 곳도 10명 이상 모인 곳이라면 어디든 가능합니다. 강의 일정은 마이클리시 카페(miklish.com)에 올라올 예정입니다.

감사합니다 제게 부족함이 없게 해주시는 여호와 하나님께 감사합니다.
시 23:1 (다윗의 시) 여호와는 나의 목자시니 내가 부족함이 없으리로다

아빠한테 배우느라 고생이 많은 루나에게 감사합니다.

제게 영어를 가르쳐 주신 선생님들(강수정, 권순택, 김경환, 문영미, 박태현) 디자인을 가르쳐 주신 선생님들(김태형, 심우진, 안광욱, 안지미)께 감사합니다.

책을 제작해주신 재영P&B 윤상영 이사님께 감사합니다. 책을 배본해주시는 런닝북 윤한식 대표님께 감사합니다.

책을 소개, 판매해 주시는 교보문고(신소정), 랭스토어(김선희), 리디북스, 북센(송희수), 북채널(김동규), 북파트(홍정일), 세원출판유통(강석도), 알라딘(김진해), 영풍문고(박지해, 이원준, 임두근, 장준석), 한성서적(문재강), YES24(이주은) 그리고 오프라인의 모든 MD분들께 감사합니다.

네이버, 유튜브, 팟캐스트 관계자 분들, 그리고 책 관련 기사 올려주시는 신문사 분들께 감사합니다. 제 책의 서평 올려주시는 모든 분들께 감사합니다.

제 책으로 영어를 익히시는 모든 분께 감사합니다. 더 열심히 집필하고 무료 강의 올리겠습니다. 궁금하신 점은 언제든 010-4718-1329로 문자 주세요.

엄마표 영어: 흘러듣기 절대로 하지 마라!
1판 1쇄 2023년 12월 14일 | **지은이** Mike Hwang | **발행처** Miklish
전화 010-4718-1329 | **홈페이지** miklish.com
e-mail iminia@naver.com | **ISBN** 979-11-87158-56-1

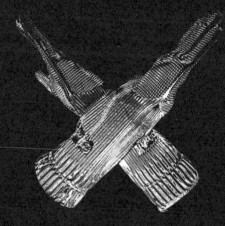

공교육도/사교육도/엄마표 영어도
믿을 수 없다!